LETTRE A L'EMPEREUR

LETTRE A L'EMPEREUR

QUESTION D'ORIENT

PARIS

H. DUMINERAY, LIBRAIRE-ÉDITEUR

52, RUE RICHELIEU

—

1854

LETTRE A L'EMPEREUR

SUR LA

QUESTION D'ORIENT

SIRE !

Permettez-moi de vous soumettre quelques réflexions au sujet des affaires d'Orient, qui ont occupé et occupent encore la presse de toutes les nations, sans que jusqu'à présent on ait songé à considérer la question sous son véritable jour.

On a cependant beaucoup écrit sur ce sujet; il a été l'objet d'une polémique si vive, si universelle, qu'il semble entièrement épuisé; et, pourtant, le seul côté qui pourrait amener une solution véritable n'a pas encore été abordé. Est-ce par oubli, ou par une prudence que les circonstances présentes ne sauraient plus justifier?...

Lorsqu'on voit l'immense développement qu'a pris la question d'Orient depuis son origine, on peut hardiment avancer que rien n'arrêtera sa marche régulière mais inévitable, et qu'elle arrivera forcément à ses dernières conséquences. — Les nations, comme les individus, sont soumises aux lois invariables de la logique, nonobstant les obstacles qu'on lui oppose : telle cause doit amener tel résultat, et ce n'est pas en le niant qu'on parviendra jamais à le détourner.

La face de la question qu'on s'est abstenu d'envisager est tout entière dans une observation que j'ose présenter à Votre Majesté : *Une guerre sérieuse contre la Russie est-elle possible sans que le mot de Pologne vienne se dresser entre les parties belligérantes?* C'est en vain qu'on se mettra en garde contre cette éventualité ; tôt ou tard elle viendra se poser, grâce à l'enchaînement naturel des faits, et embarrasser ceux qui n'y seraient pas préparés. Il est donc nécessaire d'arrêter sa pensée sur un avenir plus que probable, dont il faut prévoir les conséquences. C'est un sujet trop important pour négliger plus longtemps d'en discuter toutes les chances.

Au milieu des armements qui se font partout, des expéditions qui se préparent ou sont en voie d'exécution ; au milieu des hésitations de tout genre, des craintes, des espérances auxquelles ce conflit d'intérêts divers donne naturellement naissance, nul, peut-être, n'a songé à se demander quel était *le caractère* véritable de la guerre actuelle ; et pourtant cette question domine la situation.

Tous les actes officiels qu'on a publiés, toutes les notes diplomatiques échangées, tous les traités conclus nous prouvent jusqu'à l'évidence que, *pour l'Europe,* ce n'est ni une guerre de conquêtes ou d'ambition, ni une guerre de religion ou de suprématie ; — c'est uniquement une guerre *de sécurité* contre une agression qui menace ses intérêts. *Pour la Russie,* au contraire, c'est une guerre de conquêtes, de religion, d'ambition et de suprématie. — Là est tout le danger ; car cette différence de *caractères* implique la différence des moyens à employer pour arriver au but que l'on se propose. Une opinion généralement répandue, c'est qu'il faut agir autrement pour *conserver* que pour *acquérir.* Or, cette erreur, aussi mal fondée en philosophie qu'en politique, conduit souvent à des résultats bien inattendus. L'esprit conservateur, éminemment froid et égoïste, se refuse d'ordinaire aux entraînements généreux qui produisent les grandes actions ; tandis que l'esprit d'usurpation, toujours hardi et entreprenant, exerce, par sa nature même, un certain prestige sur les masses.

Voilà pour le fond. — Quant aux moyens d'action de l'Europe et
de la Russie, ils sont aussi parfaitement opposés. Les intérêts
menacés de l'Europe ne sont guère de la même nature ; le but,
par conséquent, ne saurait être identique, et il se pourrait, cer-
taines éventualités admises, que l'action commune se trouvât paralysée par celte divergence d'opinions et d'intérêts. — En Russie, c'est tout autre chose : il n'y a qu'une seule ambition, et une
seule volonté tendue vers un seul but ; on mettra, pour l'atteindre,
toutes les passions en jeu ; on éveillera tous les instincts, on usera
de tous les moyens, s'il le faut, sans se décourager des revers,
sans se laisser intimider par rien. Il est donc essentiel pour l'Europe, même au point de vue de sa *sécurité*, de mettre de son côté
des intérêts plus élevés que ceux qu'elle a énoncés jusqu'à présent ; il faut, pour ainsi dire, passionner la guerre pour pouvoir
lutter avec la Russie à armes et à passions égales. Sinon, les armées et les flottes de Votre Majesté, réunies à celles de la Grande-
Bretagne, auront, je n'en doute pas, des succès éclatants ; mais il
serait regrettable que ces succès, chèrement payés, fussent sté-
riles, ce qui n'est pas impossible. La Russie ne peut être vaincue,
la sécurité de l'Europe assurée, que lorsque le drapeau d'une nationalité forte et vivace encore, malgré toutes les persécutions,
sera arboré franchement, et opposé haut et ferme à toutes les
idées, à toutes les passions que la Russie saura mettre en jeu. Ce
drapeau est la seule force offensive de l'Europe contre la Russie,
et toutes ses tentatives sur Constantinople, tous ses rêves de domination universelle se réduisent à l'absurde, avec une Pologne
indépendante.

Veuillez me permettre, Sire, de développer cette idée.

Il est incontestable aujourd'hui que la prépondérance de la
Russie date du congrès de Vienne : sa domination sur la Pologne
une fois reconnue et assurée, elle se mit à peser de toute l'invul-
nérabilité de sa position géographique sur les destinées de l'Europe.

Une longue période de guerres faisait aspirer les puissances
qui en avaient le plus souffert vers les bienfaits d'une paix dura-

ble, et, devant l'attitude sans cesse menaçante de la Russie, les concessions se pressaient de toute part. Tout pliait devant la parole hautaine des czars, et ils conquirent par l'intimidation ce qu'ils n'auraient peut-être jamais conquis par les armes. A quoi donc tenait cette prépondérance que nul n'osait contester et qui grandissait en raison des concessions accordées ? à une raison bien simple : la Russie est la seule puissance qui ait *une position offensive contre l'Europe* sans être vulnérable chez elle : cette position, elle la doit aux provinces polonaises qu'elle a annexées à son empire, et qu'elle tend à dénationaliser sans cesse.

Le jour où ce travail serait accompli, le monde slave lui appartiendrait.

C'est cette position offensive de la Russie qui paralyse les mouvements des grandes puissances allemandes, et qui les force à subir une suprématie souvent intolérable.

Aujourd'hui même, que la Russie se trouve attaquée par les deux plus grandes puissances de l'Europe, l'Autriche n'ose pas se déclarer ; car elle se sent à la merci de sa puissante voisine, à laquelle il suffirait d'une armée bien commandée pour être en quelques jours aux portes de Vienne.

Les hommes d'État qui ont remanié la carte de l'Europe en 1815 n'ont eu qu'une seule chose en vue, l'affaiblissement de la France : en déplaçant le danger, ils ont cru le conjurer, — et, pour se garantir des conquêtes que pourrait faire la civilisation, ils ont ouvert les portes à la barbarie. Les événements sont venus démontrer leur aveugle imprévoyance, et c'est à eux qu'il faut faire remonter la responsabilité des complications actuelles. Ceux qui ont étudié les causes de l'agrandissement de la Russie savent fort bien que c'est toujours à l'abri d'une conquête incontestée que cette puissance se prépare à de nouvelles conquêtes.

Toute la force qu'on lui a laissé prendre par cette *position offensive contre l'Europe*, position reconnue par les traités de 1815, et sanctionnée par toutes les concessions qu'on lui fit depuis 1830, s'est reportée vers ses extrémités ; et l'on peut dire hardiment que l'action de la Russie sur Constantinople fut dégagée de tout embarras, du jour où on lui a livré la Pologne. C'est de cette époque seulement que datent tous les préparatifs sérieux, toutes les armements et toutes les intrigues qui devaient aboutir à la chute de la Turquie. On a tant dit à la Russie, et elle s'est si bien persuadé qu'elle seule était destinée à recueillir ce brillant héritage, qu'elle se bornait à grandir son influence morale en Orient par tous les moyens dont elle peut disposer, et attendre, — sans vouloir même profiter des occasions favorables qui s'offraient à elle : car on ne voulait pas prendre subrepticement ce qui devait venir de soi-même, et, pour ainsi dire, par la force des choses. Ici ses calculs furent trompés : la Russie ne s'attendait pas à un obstacle venant de la part de l'Europe coalisée, — mais la mesure du danger est dans les armements formidables qu'on est obligé de faire pour le conjurer : or, ce danger n'existerait pas s'il y avait là une Pologne indépendante pour demander compte d'une semblable agression. La Russie le comprend si bien, que ses inquiétudes les plus sérieuses, aujourd'hui même qu'elle se voit attaquée par deux puissances formidables, ne sont pas du côté de Saint-Pétersbourg et de la Crimée : là les pertes qu'elle peut subir sont déjà calculées d'avance, *la part du feu est faite*, elle en a pris son parti, et envisage de sang-froid la situation. Ses vraies inquiétudes se portent sur la Pologne. — Elle sait qu'une fois ces provinces perdues, elle ne pourrait jamais les reconquérir. Elle sait que, privée de cette force, elle perdrait sa suprématie en Europe, et que par ce fait seul toute entreprise sur l'Orient serait paralysée. — Elle n'ignore point que ce qui lui sert aujourd'hui de position offensive contre l'Europe peut être retourné contre elle, et que c'est son seul côté vulnérable. Bref, dans la question engagée en Orient, la Pologne, frémissante sous son joug, est, en réalité, le nœud gordien de la situation. C'est donc par là qu'il faut attaquer la Russie, si l'on veut l'intégrité de la Turquie et de l'Europe.

Vous êtes, Sire, de ce petit nombre d'élus dont l'intelligence est à la hauteur de leur position : si mes observations ont quelque valeur, elles seront accueillies par Votre Majesté, sans qu'il soit nécessaire de les dorer de paroles flatteuses et d'artifices indignes du caractère élevé de Votre Majesté. Au reste, là où l'admiration est si facile, les réserves ne donnent que plus de poids aux appréciations. Je n'hésite donc pas à exprimer ma pensée dans toute son étendue.

Un des actes les plus remarquables de la mission providentielle de Votre Majesté est celui d'avoir dévoilé l'empereur Nicolas.

Depuis un quart de siècle que cet homme étrange pèse sur les destinées de l'Europe, il n'est pas de moyens, pas de ruses qu'il n'ait mis en œuvre pour étendre sa puissance au dehors, pour consolider sa domination à l'intérieur, pour en imposer aux puissants et écraser les faibles, pour persécuter les consciences et arrêter les progrès de la civilisation. Éblouis par cette fausse grandeur, attirés par l'éclat superficiel de paroles hautaines et de défis imprudents, des hommes intelligents, mais voués au culte de la force, ont cru trouver en lui le plus solide rempart contre tous les débordements révolutionnaires, l'homme sauveur par excellence de tous les priviléges et de toutes les acquisitions du passé. Depuis 1848 principalement, ce souverain qui, par sa position exceptionnelle dans le monde, est une menace incessante contre toutes les libertés de l'Europe, fut placé sur un piédestal de grandeur et de modération qui n'a pas de précédent dans l'histoire. Tout cet échafaudage s'est écroulé, comme par enchantement, devant le coup d'œil perçant et la parole ferme et élevée de Votre Majesté. L'histoire rendra justice à celui qui a donné l'éveil à l'Europe, et qui a mesuré, sans illusions, toute la portée des faits qui se préparaient.

Une guerre contre la Russie semblait à bien des gens un suicide moral ; elle avait donc cela de dangereux, qu'elle éveillait bien des susceptibilités, qu'elle s'attaquait à des croyances établies, à des sympathies nombreuses et nullement déguisées ; il fallait la combattre dans le domaine des faits et des idées, tout en se préparant à un autre genre de lutte : cela fut accompli avec une habileté, une patience et une modération dignes d'éloges. Cette première phase de la guerre, que j'appellerai *la Russie dévoilée*, est un chef-d'œuvre : c'est le triomphe sur le terrain moral du droit contre la force, de la justice contre l'arbitraire, de la vérité dans tout son éclat contre l'hypocrisie, poussée jusqu'à l'immoralité et l'insolence. Honneur à ceux qui ont su arracher le masque, et fouler aux pieds les oripeaux de cette fausse grandeur !

Cette phase épuisée, on devait entrer dans la seconde, que j'appellerai la phase d'*intimidation*. Une armée et une flotte formidables sont envoyées dans la mer Noire. Une autre flotte plus formidable encore menace la capitale de la Russie : devant les forces réunies des deux plus grandes puissances de l'Europe, il est impossible que le czar ne cède pas ! mais le czar n'a pas cédé, il reste dans les termes de ses premières négociations, rien ne peut abattre son orgueil ! Ses armées à lui, tant redoutées par l'Europe, se retirent honteusement devant les troupes à peine disciplinées du sultan ; ses flottes, confinées dans des ports, bloquées et bravées par les vaisseaux ennemis, n'osent pas s'aventurer loin des batteries qui les protégent ; l'épée des alliés n'est pas encore sortie du fourreau, et déjà l'humiliation est complète ! Mais que lui importe l'humiliation ! Le czar ne cède pas, il ne se laisse pas *intimider*, il faut donc *agir* contre lui.

Nous voilà dans la phase de l'*action*. Il est évident que l'action devait commencer là où se trouvaient les armées ; mais on comptait si bien sur l'intimidation, que les vaisseaux se trouvent être trop grands, et les armées trop petites, pour porter un coup décisif immédiatement : il faut donc se mettre en mesure. On bâtit des vaisseaux plats, on augmente les armées ; mais le temps passe, et le mois de septembre arrive sans autre résultat que l'évacuation des principautés, qui, après tout, peut bien n'être qu'une mesure de précaution de la part de la Russie. Mais n'importe le mois de septembre : je sais que lorsque la France et l'Angleterre marchent ensemble, elles ne peuvent échouer ; on a encore quelques semaines devant soi, et cela suffit à des hommes de bonne volonté pour attaquer et prendre Sévastopol, pour occuper la Crimée. La flotte russe de la mer Noire sera anéantie, celle de la Baltique attendra son tour patiemment : tout cela est incontestable. Mais quand on aura fait toutes ces grandes choses, que fera-t-on après? Croyez-vous, Sire, que le czar, que l'autocrate de toutes les Russies sera plus facile à traiter après les désastres, qu'il ne l'a été avant? Que lui font quelques ports de moins, quelques vaisseaux brûlés? Là n'est pas la question pour lui. Il s'en consolera même facilement ; car il sait que tout ce qu'il perd en étendue, il le gagne en cohésion, et que moins il aura de côtes à garder, plus il sera fort à un point donné. On lui prend ses positions faibles, celles qui font pour ainsi dire défaut à la cuirasse ; peu lui importe : son action n'en sera que plus libre et plus dégagée. Cette cuirasse, il faut la frapper fortement, la briser, Sire ; et vous ne la briserez qu'en Pologne. Mais, dira-t-on, l'humiliation et le découragement que causeront de semblables désastres n'auront-ils pas quelque influence sur les déterminations du czar? Que Votre Majesté n'y compte pas. Chez le peuple russe, les désastres ne feront que réveiller et fanatiser le sentiment national, ce qui, loin de l'affaiblir, donnera une nouvelle force à l'empereur Nicolas. Le peuple russe croit aux bulletins officiels, et ne connaît de la vérité que ce qu'on veut bien lui en dire : soumis et fanatique, il sera toujours facilement exploité au gré de toutes les ambitions. Quant au czar lui-même, pourquoi serait-il humilié et découragé? Il connaît l'histoire de son pays, et il sait que c'est de désastres en désastres que la Russie est arrivée au faîte de sa puissance. Pierre le Grand a capitulé sur les bords du Pruth ; c'est par des revers successifs que Catherine est arrivée à la conquête de la Crimée ; toutes les campagnes contre la Turquie n'ont été signalées que par des défaites et des humiliations : et l'influence de la Russie allait grandissant toujours ! En Pologne, c'est à force de batailles perdues qu'on s'est rendu maître du pays ; les guerres contre la France n'ont été qu'une suite non interrompue de revers et de sanglantes défaites ; et qu'en est-il résulté? Il est inutile de le rappeler à Votre Majesté. Telles sont les annales militaires de la Russie. Que fera donc au czar une humiliation de plus?

Nous voilà, Sire, arrivés à l'époque où les armées de Votre

Majesté, de concert avec celles de la Grande-Bretagne, seront maîtresses de Sévastopol et de la Crimée. L'hiver arrêtera les hostilités, et on entrera forcément dans la phase des *négociations*.

Nous connaissons déjà, par des notes identiques signées Clarendon et Drouyn de Lhuys, quelles seront les bases sur lesquelles trois des grandes puissances sont prêtes à traiter; mais qui oserait prétendre que ces conditions, toutes modérées qu'elles soient, puissent être acceptées par l'empereur Nicolas? Et ce n'est pas tout encore! À part les conditions dont on parle, il y en a d'autres secrètes dont on ne parle pas encore, et qui seraient l'objet de négociations ultérieures; mais est-il possible de baser des projets de pacification sur d'aussi fragiles espérances? Ceux qui se font de semblables illusions se méprennent étrangement sur la nature de l'ennemi qu'ils ont à combattre. En effet, croire que l'empereur Nicolas renoncera d'un trait de plume à un siècle d'efforts et d'intrigues, qu'il abdiquera de bonne grâce des prétentions passées à l'état de droits légalement acquis et exercés, qu'il se résignera à perdre une influence équivalente à une domination absolue, et à voir disparaître en un instant un prestige qui passait pour de la grandeur; se flatter, en un mot, que l'autocrate subira paisiblement tous les sacrifices qu'on lui imposera, parce que la Crimée est occupée et une flotte brûlée, parce que l'Autriche veut bien consentir à occuper les principautés, c'est méconnaître la nature et le caractère de la lutte engagée. Il faudrait de bien autres revers pour forcer l'empereur Nicolas à renier tous ses antécédents, à devenir, pour ainsi dire, l'apostat de la politique traditionnelle de la Russie. La puissance du czar, quelque grande qu'elle soit, a des limites qui ne sauraient être franchies impunément : le parti russe dont on parle tant n'est autre chose que la volonté nationale qui se fait jour; et cette volonté est trop fière, trop ambitieuse, pour céder à une intimidation dont l'effet lui est à peine sensible.

On a le tort de juger la Russie au point de vue européen : on croit qu'en paralysant son commerce extérieur, en tuant son crédit sur tous les marchés de l'Europe, on la réduira aux abois,

qu'on l'amènera à une banqueroute forcée, et que le czar man-
quera d'argent pour continuer la guerre. Erreur que tout cela :
ceux qui connaissent les ressources de ce pays vous diront, Sire,
que la Russie, refoulée dans ses frontières et attaquée chez elle,
aura pendant vingt ans assez d'hommes et d'argent pour résister
et attendre des circonstances plus favorables. La Russie, au point
de vue européen, est incompréhensible et inexplicable ; toutes les
appréciations les plus élémentaires en matière de crédit, de finan-
ces et d'économie politique, appliquées à la Russie, se trouvent
être fausses et erronées : au point que je ne m'étonnerais guère
si le blocus qu'on étend sur ses côtes, si la destruction de ses
ports et de son commerce d'exportation, au lieu de la ruiner ,
avaient pour résultat de donner une nouvelle impulsion au commerce intérieur, et d'augmenter le bien-être, les ressources et la
prospérité du pays. Cette proposition pourrait être considérée
comme un paradoxe en Europe, mais en Russie elle n'aurait rien
que de très-naturel, grâce aux conditions exceptionnelles de son
existence. Tout dans ce pays est tellement anormal, qu'on se
tromperait grandement en le jugeant d'après le criterium de cer-
taines vérités absolues : il faut avoir vécu en Russie pour comprendre ce qu'il y a en elle d'inexplicable, et encore faut-il pro-
céder plutôt par intuition que par analyse, car l'analyse n'arrive
à ces conclusions qu'au moyen de données positives, et ces données
manquent partout. Les renseignements que vous croyez puiser
aux meilleures sources sont faux et mensongers à dessein : voilà
pourquoi les appréciations générales, comme celles de M. de Cus-
tines, impressions d'un esprit fin et pénétrant, ont plus de valeur
que les statistiques les plus détaillées.

Cet épisode était nécessaire pour justifier près de Votre Majesté
l'opinion que j'avais émise et qui pouvait sembler n'être qu'une
hypothèse hasardée. Le czar, je le répète, soutenu et poussé par
le parti russe, ne cédera pas devant une attaque dirigée contre
ses forces navales et ses établissements maritimes ; le voudrait-il,
qu'il ne le pourrait pas. Je vais même plus loin et je n'hésite pas
à déclarer que cette politique envahissante de la Russie ne tient

ni à la personne de l'empereur Nicolas, ni à l'énergie de son caractère : tout autre czar à sa pla..e serait obligé de tenir le même langage, de conserver la même attitude de menace et de défi : l'autocrate peut être brisé, mais il ne pliera pas !

La Russie, tout en repoussant les idées modernes, les a·si bien approfondies, qu'elle croit que l'Europe sera bientôt fatiguée des sacrifices qu'elle a faits, et qu'elle hésitera à en faire de nouveaux : elle compte sur le temps, qui affaiblit les coalitions, et sur les intérêts peu identiques qui pousseront aux défections. Il est donc possible que l'empereur Nicolas s'amuse à négocier, qu'il réponde aux ouvertures qui lui seront faites, qu'il discute même les conditions déjà énoncées. Mais s'il discute ces conditions, c'est pour en proposer d'inadmissibles; s'il participe aux protocoles, c'est pour les faire traîner en longueur : tout cela n'aboutira à rien, car le czar est réputé infaillible et invincible quand même, et il ne peut donner de *garanties ;* si vous voulez les obtenir, posez la question de la Pologne, mais placez-la, Sire, sur le terrain où elle doit être placée. Sans entamer de négociations inutiles, que les puissances de l'Occident *reconnaissent par une déclaration en commun l'existence légitime de la nationalité polonaise*, et, au lieu d'une complication, vous aurez une solution prompte et radicale.

La Pologne reconstituée, le czar est impuissant contre la Turquie, le cours du Danube appartient de fait à l'Autriche, la domination exclusive de la mer Noire devient une chimère, et tous les rêves ambitieux sont évanouis.

Ce que j'avance ici sera bientôt prouvé par les événements : on se convaincra, trop tard peut-être, que le rétablissement de la Pologne, bien loin d'être un danger, est une *nécessité absolue* pour l'Europe, que ce n'est qu'à cette condition que l'issue de la guerre engagée contre la Russie ne pourra être douteuse, et qu'il sera possible d'opposer une barrière efficace à tous ses envahissements.

Mais avant que les événements viennent justifier mes prévi-

sions, permettez-moi, Sire, de poursuivre le cours de mes observations.

Une fois les négociations épuisées, que fera l'Europe coalisée ?
Abandonnera-t-elle les gages conquis, les occupera-t-elle indéfi-
niment, ou restera-t-elle l'arme au bras en présence de l'ennemi?
Non, certainement. Alors il faudra attaquer la Russie chez elle,
pénétrer dans ses déserts qui défient toute invasion, pour la forcer
à accepter une paix qu'on aura peut-être tout aussi hâte d'obtenir
que d'imposer. Comment s'y prendra-t-on? Là commence la
phase *périlleuse* de l'entreprise : je m'abstiens de lui chercher
un nom : c'est un droit qui appartient à l'histoire.

L'expérience a démontré qu'il ne suffisait pas d'une armée
brave et nombreuse pour dompter la Russie : la plus belle armée
du monde, commandée par le plus grand capitaine des temps
anciens et modernes, a échoué, autant à cause des rigueurs du
climat, que pour avoir méconnu la force de cet élément généreux
qui venait s'offrir à elle, et lui prêter son concours enthousiaste ;
on semble le comprendre aujourd'hui, on ne veut pas se borner
aux moyens purement militaires, malgré la grande extension
qu'on leur donne, et on cherche, bien timidement il est vrai,
mais on cherche pourtant à se préparer et à s'assurer des auxi-
liaires dans les sympathies des populations soumises au joug de
la Russie. C'est un progrès dans la bonne voie, mais ce n'est
qu'un demi-moyen ; car, au lieu de s'adresser à une nationalité
incontestable, qui par son histoire et toutes ses traditions penche
naturellement vers l'Occident, on s'ingénie à inventer des nationalités bizarres et impossibles, qui n'ont aucune valeur et aucune
signification. Que veut dire, en effet, la nationalité finlandaise ?
La Finlande a toujours été possédée par ses voisins, et n'ayant
jamais eu d'existence politique distincte, le sens patriotique est
une lettre morte pour elle ; elle se laissera conquérir par le plus
fort sans opposer de résistance, soit ; mais elle ne fera rien pour
acquérir une indépendance qu'elle n'ambitionne pas et dont elle
ne saurait que faire : conquise naguère tour à tour par la Suède
et la Pologne, elle est incorporée à la Russie depuis près d'un

demi-siècle, et un changement de domination, au dire des per-
sonnes bien informées, trouverait peu de sympathies.

Par sa position géographique, la Finlande est trop exposée
aux coups de la Russie pour pouvoir prétendre à une existence
publique séparée, et la Suède est trop faible pour la protéger, au
besoin, d'une manière efficace. Or, comme un pays qui n'a pas de
nationalité nettement tracée porte toujours ses sympathies du
côté où sont ses intérêts, on risque fort de ne pas trouver en Finlande l'accueil enthousiaste auquel on s'attend. Quant à la nationalité bessarabienne, celle-là est tout à fait impossible ; car comment faire revivre une chose qui n'a jamais existé ? La Bessarabie
a été de tout temps le théâtre des nombreuses guerres entre la
Pologne, la Turquie et les hordes des Tartares ; occupée tantôt
par les uns, tantôt par les autres, conquise définitivement par la
Russie, elle n'a, en fait d'histoire, que des souvenirs de massa-
cres, de pillages et de dévastations. Le peuple a l'habitude de la
Russie, et il est très-douteux qu'il devienne sympathique à une
invasion ottomane ; car le Turc est, suivant les traditions du pays,
son ennemi naturel, le fléau envoyé par la Providence pour ex-
terminer les chrétiens et les mettre en esclavage. Son nom a été
de tout temps l'effroi des populations, et il se rattache à toutes les
calamités qui ont dévasté ces contrées. Comme dans tout pays à
demi barbare, les traditions exercent une grande influence, et il
serait, selon moi, presque impossible d'éveiller en Bessarabie des
sympathies sincères en faveur de la domination musulmane.

Il est dans la destinée de la lutte engagée de faire traverser
l'Europe par toutes les illusions ; illusions de paix, de négociations, de succès prompts et faciles, d'intimidation, d'arrange-
ments pacifiques, de nationalités douteuses ; quand toutes ces
illusions seront déçues, on s'adressera alors à la seule force réelle
dont on puisse disposer contre la Russie en dehors des moyens
militaires : on se décidera enfin à faire un appel au dévouement
et au patriotisme des Polonais ; on dira à la Pologne, quand on
aura besoin d'elle : Lève-toi contre l'ennemi commun ! Mais où est
la certitude que cet appel tardif sera entendu ? Rebutée et tenue

à distance par l'Europe, la Pologne pourrait bien se jeter, par dépit, dans les bras de la Russie, au risque de faire pencher la balance en sa faveur : car en politique, de même qu'en amour, il y a une certaine dignité qui se refuse au rôle de pis aller, même en faisant violence à ses plus chères sympathies.

Je le dis avec peine, mais il est peut-être réservé à la destinée fatale de cette malheureuse nation de donner au monde le spectacle d'une apostasie, que l'histoire saura pourtant juger impartialement.

Dans une lutte engagée entre le droit et l'injustice, entre l'Europe menacée et la Russie menaçante, il n'y a qu'une seule alternative possible : ou la Pologne sera pour l'Europe, ou elle sera contre elle ; lui demander une neutralité, une inaction complète, c'est vouloir l'impossible. Placée comme elle l'est entre deux parties belligérantes ; exposée à devenir probablement le théâtre de la guerre, elle ne peut être indifférente, elle doit être amie ou ennemie. Par conséquent, il y a deux dangers imminents et qu'il est également essentiel de savoir conjurer :

1° Que la Pologne, impatiente de son joug, ne se lève trop tôt ;

2° Qu'à la voix de l'Europe elle ne veuille pas se lever du tout.

Daignez, Sire, prendre la chose en considération, et vous verrez que ces deux hypothèses sont également admissibles.

Dans un moment où tous les esprits sont agités par une question aussi palpitante d'intérêt, il est tout naturel que le sentiment patriotique, tellement développé en Pologne, se réveille dans toutes les classes avec une nouvelle ardeur ; on se dit à l'oreille ses espérances, on se réjouit secrètement de l'insuccès des armées russes. Une expectative pleine de confiance dans l'avenir, tel est le mot d'ordre qui circule, comme par enchantement, sur toute l'étendue du territoire polonais ; on attend que les drapeaux de la France et de l'Angleterre aient apparu sur le sol de la patrie, pour les saluer avec ce vieil enthousiasme qui a enfanté tant de prodiges ; on attend ces drapeaux, car c'est un sentiment tellement répandu dans les masses, qu'on ne peut vaincre la Russie qu'en l'attaquant en Pologne, que nul ne doute que les coupsdécisifs ne soient portés de ce côté.

Mais tandis que vos armées, Sire, réunies à celles de la Grande-Bretagne s'occupent à faire des conquêtes et des expéditions qui ne seront que glorieuses, la raison élevée du peuple peut se changer en impatience, et, la propagande aidant, il devient impossible de prévoir les événements qui se préparent. En dépit du mur chinois qui entoure les frontières de la Russie, les nouvelles circulent ; mais là où elles n'arrivent que tronquées et dénaturées par le gouvernement, toutes les exagérations en sens contraire trouvent facilement créance et accès. Il n'est pas nécessaire de rappeler à Votre Majesté, qu'en dehors des gens influents et destinés aux événements sérieux, il y a toujours les agitateurs dont la politique consiste à forcer la main et à précipiter le cours des choses ; leur action tient aux époques d'hésitations et d'incertitudes ; ils disparaissent quand une main ferme et habile se saisit du mouvement. Là où l'effervescence n'est encore que dans les idées, il ne faut souvent qu'une parole puissante et élevée pour indiquer et imprimer une direction unique à tous les esprits, i ne faut qu'une parole retentissante pour tracer un programme à toutes les impatiences, à toutes les agitations. Or, tant que cette parole ne sera pas prononcée, la Pologne peut, par un mouvement intempestif, venir compliquer une situation où elle sera appelée tôt ou tard à jouer un rôle légitime.

Le deuxième danger que j'ai signalé à Votre Majesté n'en a pas moins son côté vraisemblable. La Pologne, complétement désarmée et occupée par une armée nombreuse, ne pourrait tenter un effort que dans des conditions tellement désavantageuses, que toute insurrection aurait d'abord contre elle la classe très-nombreuse des gens dont les intérêts se trouveraient menacés. Or, si la Russie, prenant l'initiative, venait à offrir des concessions et des garanties qui puissent satisfaire le sentiment national de toutes lés classes, il serait bien à craindre que le pays entier, si souvent trompé dans ses espérances du côté de l'Occident, ne se mît franchement de son côté. Cette tendance des esprits vers une agglomération slave n'est pas de fraîche date, et continue à se manifester par de nombreux symptômes. Le panslavisme est en Pologne ce qu'était en France le parti dit conservateur : sous une étiquette trompeuse, il abrite tous les égoïsmes et se recrute de tous les adversaires de la liberté. Ce parti puissant, qu'effraient tout progrès et tout affranchissement des masses, préfère l'empereur Nicolas à l'envahissement de ce qu'il appelle les doctrines révolutionnaires de l'Occident, parce qu'il voit dans le régime russe la meilleure sauvegarde de ses priviléges et de ses intérêts : possesseur du sol en majeure partie, il exerce une très-grande influence sur les masses, et ne serait guère éloigné de partager les destinées de la Russie, au prix de quelques concessions de sa part. C'est à l'Europe à arrêter ce courant d'idées qui va en sens inverse des traditions et des sympathies du pays; mais ce n'est pas en suivant la marche qu'elle suit jusqu'à présent qu'elle y parviendra jamais. En effet, en s'obstinant comme elle le fait à écarter le nom de la Pologne de toute négociation, en évitant d'y faire la moindre allusion, en redoutant de donner l'éveil à une cause pour le moins aussi digne d'intérêt que celle de la Turquie ou de la Finlande, en refusant toute participation aux Polonais dans la lutte engagée et toute espérance à ceux qui voudraient relier leur cause à la marche régulière de la civilisation contre la barbarie, elle ne fera que rebuter les bonnes intentions, au lieu de rallier à elle les douteuses. — Et pourtant la Pologne, rejetée dans le camp ennemi, pourrait devenir un grave danger ; car la Russie consolidée par l'appui moral d'un pays sur lequel elle ne pouvait compter deviendrait invulnérable à toute agression.

L'extrême répugnance que l'on éprouve à mettre la Pologne en jeu me paraît être inspirée par un autre motif que la crainte d'une complication nouvelle ; la question, telle qu'elle est posée, n'est déjà pas si simple, qu'on craigne de la compliquer : il y a au fond de cette répugnance *un mésentendu*. On parle hardiment de la Turquie et de la Finlande, parce que la Turquie est un État indépendant, qui a une existence politique, un gouvernement établi qu'il n'est pas dangereux de secourir et d'agrandir au besoin ; parce que la Finlande n'a rien à réclamer, et qu'on peut la reprendre à l'un et la donner à l'autre, sans que cela tire à aucune conséquence : on trouvera même le fait très-naturel et très-régulier. Mais avec la Pologne c'est tout autre chose ! Au lieu d'être rattachée à quelque lambeau de royauté, elle a une indépendance morale absolue; il lui faut une existence séparée, une administration nationale, une armée sérieuse. Avec ces exigences, comment aborder la question ? Il y a, pour commencer, des provinces à restituer, un pays à organiser : c'est par trop révolutionnaire ! il y a un peuple ingouvernable qui pourrait avoir envie de se prononcer lui-même sur le mode de gouvernement qui lui conviendrait le mieux : c'est par trop dangereux ! Voilà les arguments qu'on met en avant et qui sont la vraie cause de toutes les difficultés que cette question soulève, et de toutes les hésitations ; mais, je le répète, ces craintes sont basées sur une injuste appréciation des faits et sur un mésentendu. On a tant dit et répété que la Pologne était le foyer de la démagogie et de l'esprit révolutionnaire, qu'il n'y avait que la Russie capable d'éteindre ce volcan, qu'une fois reconstituée la Pologne pourrait jeter le trouble et le désordre dans l'Europe entière, qu'on a fini par croire à cette odieuse calomnie, inventée par les spoliateurs pour justifier leurs spoliations, par les persécuteurs pour tuer moralement leur victime. On s'imagine encore aujourd'hui, tant les idées fausses trouvent créance facilement, qu'il y aurait péril en la demeure, si cet élément de dissolution rentrait dans les rangs de la grande famille européenne, où il a pourtant jadis occupé une place si honorable. Il appartient à Votre Majesté de faire crouler cette fatale erreur : de même qu'elle a su arracher le masque à l'hypocrisie, elle saura dissiper les ténèbres qui cachent la vérité. La Providence a destiné Votre Majesté à toutes les réhabilitations, et celle-là ne sera pas la moins glorieuse !

L'esprit révolutionnaire de la Pologne consiste à protester

toujours contre un état de choses qui la prive de ses droits civils et de son existence politique : est-ce bien condamnable ? Une nationalité forte et vivace ne se laisse pas détruire impunément ; rien ne la décourage, ni les revers, ni l'exil, ni la persécution : c'est là son plus beau titre au respect de l'humanité. Eh bien, c'est cette fidélité à un sentiment généreux qu'on a osé appeler de la révolution ! Les malheurs de l'exil ont développé des partis et les ont souvent poussés dans des voies dangereuses, j'en conviens ; mais la responsabilité en doit remonter bien plus aux persécuteurs qu'aux persécutés. On réduit des hommes au désespoir, on développe en eux des sentiments de haine et de vengeance, et l'on veut qu'ils évitent les occasions de nuire à leurs ennemis et de les combattre partout !

O vous qui prenez aujourd'hui le parti du droit et de la justice, n'ayez pas deux poids et deux mesures, et ne maintenez pas chez vous ce que vous condamnez et flétrissez à juste titre chez les autres !

L'agression projetée de la Russie sur Constantinople était aussi bien fondée en droit que celle que vous avez commise contre la Pologne ; en vous opposant à l'une, vous devez désavouer l'autre, sinon vos actes et vos paroles n'ont aucune valeur, et ne sont qu'une supercherie de plus.

La France et l'Angleterre ont le droit incontestable d'élever la voix dans cette grande question, car elles ont toujours protesté en faveur de la nationalité polonaise et secouru de leur argent une nombreuse émigration ; leur rôle est noble et élevé, facile parce qu'il n'est pas contradictoire, généreux parce qu'il est désintéressé. Mais il est d'autres puissances qui, après avoir trempé dans le partage de la Pologne, se trouvent maintenant elles-mêmes menacées dans leur propre sécurité : celles-là doivent comprendre enfin que toute usurpation porte en elle son châtiment ; leur rôle est plus difficile, il est vrai, mais il n'en est que plus glorieux et plus séduisant : à une injustice commise, une réparation éclatante sans violences et de bon gré, c'est le plus beau précepte de l'Évangile transporté dans le domaine de la politique, c'est une ère nouvelle à inaugurer. Tout concourt à ce résultat : la volonté des hommes, la marche des événements; la Providence même y contribue largement en protégeant tout particulièrement des nationalités qui ne sont que le travail politique des générations. En effet, les puissances allemandes, entraînées dans une voie fausse et contraire à leurs intérêts, semblaient éternellement condamnées à subir les conséquences de leur complicité : la Providence leur ouvre une issue facile pour sortir de cette position avec gloire et honneur ; jamais occasion plus belle ne s'offrit pour effacer en un trait de plume de malencontreux souvenirs ! L'Autriche semble le comprendre parfaitement, grâce à l'influence personnelle du jeune souverain qui dirige ses destinées : elle sent qu'une alliance avec les puissances occidentales n'est pas un joug pesant, mais une adhésion solennelle à tous les principes de droit et de justice ; que le gage qu'elle a entre les mains est plus que suffisant pour compenser amplement ce que d'autre part elle aurait à restituer ; et que, laissant vivre à ses côtés une nationalité aspirant sans cesse à son indépendance, elle ne ferait qu'assurer ses frontières et rentrer glorieusement dans les limites que la nature lui a tracées. Puisse-t-elle seulement se débarrasser encore de toutes ces idées routinières qui tuent l'intelligence des choses, et acquérir la certitude qu'une Pologne indépendante ne sera jamais un danger pour elle. La Prusse, gênée par les liens de famille de son souverain, semble être plus tenace dans ses préventions ; mais l'intérêt dynastique ne peut prévaloir longtemps contre l'intérêt évident d'un pays qui aurait sans contredit le plus à gagner, comme étendue et sécurité, par un remaniement de la carte de l'Europe.

Je me résume : que la Pologne soit reconstituée, et tout ces éléments épars, qui semblent être des éléments révolutionnaires, se fondront en un seul parti conservateur, offrant toutes les garanties désirables, mais qui n'avait aucune raison d'être dans les temps de l'exil et de la triple occupation étrangère.

Ce parti conservateur, éprouvé par l'adversité, sera un gage bien plus solide de repos pour l'Europe, que toutes ces calomnies et ces persécutions qui poussent une nation grande et généreuse vers les aventures et les tentatives les plus désespérées.

Je ne saurais entrer maintenant dans les détails spéciaux et les difficultés matérielles de l'exécution ; il me suffit de fixer l'attention de Votre Majesté sur une question dont elle ne peut méconnaître l'importance. — Accepter l'action de la Pologne comme une garantie de succès pour l'Europe et une *nécessité de la situation;* — convenir en commun de cette nécessité, pour ne pas être pris au dépourvu, et pour régulariser une action qui pourrait être nuisible si elle n'était pas dirigée ; — admettre la Pologne officiellement dans toutes les discussions et les projets relatifs au rétablissement de l'équilibre européen ; — lui tracer en quelques mots son programme, et lui indiquer *ses droits et ses devoirs :* — telle doit être, à mon avis, l'initiative de celui qui a su, à travers bien d'autres difficultés, faire jaillir autour du nom qu'il porte une nouvelle auréole de gloire et de grandeur.

Ce 20 septembre 1854.

IMPRIMERIE CENTRALE DE NAPOLÉON CHAIX ET Cⁱᵉ, RUE BERGÈRE, 20. — 5508.